Learning Italian

Learning a new language is fun. The best way to learn Italian is to go to a country where it is spoken all around you. Talking with someone who knows the language very well is good, too. If possible, share this book with a grown-up who will help you to pronounce the words properly and ask you the questions under each picture.

Use the pictures around the edge of the page to help you learn new words in Italian, then see if you can spot these pictures in the big picture in the middle. You will recognize some words, like **yo-yo**, and some will sound like the English word, like **pirata**, which means **pirate** in Italian. However some will be brand new, like **fragola**, which means **strawberry** and **letto**, which means **bed**.

When you have learned a few Italian words, you can try to put them all together in the sentences at the bottom of each page. You might notice that some Italian words have little signs above the letters, like **è** and **ù**. These help you to know how to pronounce the word in the right way.

Have fun learning Italian!

1000

Italian
First Words

Written by Nicola Baxter

Illustrated by Susie Lacome

ARMADILLO

This edition is published by Armadillo, an imprint of Anness Publishing Ltd, Blaby Road, Wigston, Leicestershire LE18 4SE; info@anness.com

www.annesspublishing.com

Anness Publishing has a new picture agency outlet for images for publishing, promotions or advertising. Please visit our website www.practicalpictures.com for more information.

Produced for Anness Publishing Ltd by Nicola Baxter

Editorial consultant: Ronne Randall
Designer: Amanda Hawkes

© Anness Publishing Ltd 2012

A CIP catalogue record for this book is available from the British Library.

PUBLISHER'S NOTE
Although the advice and information in this book are believed to be accurate and true at the time of going to press, neither the authors nor the publisher can accept any legal responsibility or liability for any errors or omissions that may have been made.

Manufacturer: Anness Publishing Ltd, Blaby Road, Wigston, Leicestershire LE18 4SE, England
For Product Tracking go to: www.annesspublishing.com/tracking
Batch: 5483-21720-1127

Indice

La Casa

bidone della
Spazzatura

secchio

cassetta
degli attrezzi

vaso
da fiori

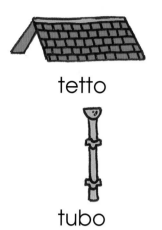
tetto

tubo

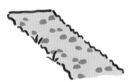
vialetto

camino

scala

finestra

porta

Who is in the garage?
Is the bucket blue?
Can you see two gloves?
Where are Teddy Bear's boots?

 radio

 gradino

 thermos

 cestino per il pranzo

 mattoni

 tegola

 graticcio

 luce di sicurezza

 vialetto

 campanello

 tovagliolo

 antenna

 guanto

Chi c'è nel garage?
Il secchio è blu?
Vedi due guanti?
Dove sono gli stivali di Teddy?

La Cucina

caraffa   pentola   ricettario   tostapane

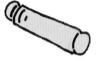

mattarello

barattolo

frigorifero

cucchiaio
di legno

padella

strofinaccio

forno a
microonde

What is on the worktop?
Can you see the saucepan lid?
Who is looking in the icebox?
What could you use for mixing?

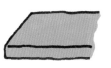
piano di
lavoro

sgabello

forno

bollitore

ferro
da stiro

lavandino

frullino elettrico

detersivo

cassetto

tabellone con
le puntine

lavastoviglie

ripiano
per scolare

scodella

Che cosa c'è sul piano di lavoro della cucina?
Vedi il coperchio della pentola?
Chi sta guardando dentro il frigorifero?
Che cosa puoi usare per mescolare?

La Camera

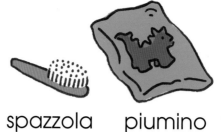
spazzola

piumino

carillon
per la culla

pettine

letto

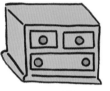
armadio

cassettiera

comodino

pigiama

vestaglia

cuscino

What can you see in Teddy Bear's bedroom?
What is under the bedside table?
What color are Teddy Bear's pajamas?
What is on the bedside table?

pantofole

calze

scatola
per i giochi

poster

aquilone

fumetto

lampadario

metro misura
bambino

cestino

sveglia

disegno

attaccapanni

salvadanaio

Che cosa c'è nella cameretta di Teddy?
Che cosa c'è sotto il comodino?
Di che colore è il pigiama di Teddy?
Che cosa c'è sopra il comodino?

Il Bagno

sapone

asciugamo

spugna

spazzolino
da denti

vasca
da bagno

lavabo

carta igienica

doccia

tenda
per la doccia

tappetino
del bagno

armadietto

What color are the wall tiles?
What is on the bath mat?
How many toothbrushes can you see?
How many pawprints can you find?

 abinetto

 specchio

 spazzolino
per le unghie

 rubinetto

 bilancia

 asciugamano

 shampoo

bagnoschiuma

dentifricio

barchetta

piastrelle

Di che colore sono le piastrelle del muro?
Di che colore è il tappetino del bagno?
Quanti spazzolini da denti vedi?
Quante impronte di zampe ci sono?

spazzola per
lavarsi la
schiena

paperetta

Il Salotto

 orologio  tenda  lampada  cuscir

tappeto

poltrona

libreria

rivista

aspirapolvere

pianta nel vaso

strofinaccio

What is on the sofa?
How many dusters can you see?
What is on the bookcase?
What color is the armchair?

14

giornale

vaso

video-registratore

fotografia

moquette

quadro

tavolo

telecomando

sofa

caminetto

televisore

stereo

carta da parati

Cosa c'è sul divano?
Quanti strofinacci vedi?
Cosa c'è sulla libreria?
Di che colore è la poltrona?

La Soffitta

culla

casa delle bambole

gabbia

lucernario

scatola di cartone

cornice

baule

manichino da sarto

sci

lampadina

ragnatela

How many jars can you see?
What is on the sledge?
Can you see a bed?
What is red and white?

vernice

sedia
a sdraio

bottiglie

cappello
parasole

vasi per la
marmellata

botola

canna
da pesca

sedia
a dondolo

addobbi

macchina
da cucire

cavallo
a dondolo

pattini
da ghiaccio

slitta

Quanti barattoli ci sono?
Quanti sono sullo slittino?
Vedi un letto?
Che cosa è rosso e bianco?

Il Giardino

carriola

cesoie

terra

vanga

vaso

innaffiatoio

canna
dell'acqua

forcone

erba

tagliaerba

semi

What is on the grass?
What is in the wheelbarrow?
How many birds can you see?
What color is the watering can?

foglie

 casetta degli uccelli

 pala

 forchetta da giardinaggio

 paletta

 tavolo per gli uccelli

 capanno degli attrezzi

 cestino per i fiori

 rastrello

 cespuglio

 fiori

 fontanella per gli uccelli

 scopa

Cosa c'è sull'erba?
Cosa c'è dentro la cariola?
Quanti uccelli ci sono?
Di che colore è l'innaffiatoio?

19

La Città

 bicicletta
 piccione
 caramelle
 torta

marciapiede

ringhiera

lampione

cestino per
la spazzatura

camion per
le consegne

autista

passeggino

How many wheels can you see?
Which store sells lollipops?
What color are the boots in the shoe store?
Do you like cakes?

 scuola

 panetteria

 pacco

 strada

 lecca-lecca

tombino

 casco

 busta della spesa

 negozio di scarpe

 cartello stradale

 pasticceria

 corda per saltare

 stivali

Quante ruote vedi?
Quale negozio vende i lecca-lecca?
Di che colore sono gli stivali in vetrina?
Ti piacciono i dolci?

Il Supermercato

portafoglio   denaro   frutta   borsa

lattine

cliente

carrello

fila

cestino

sacchetto

cassa

How many bears are in the queue?
Can you see Teddy Bear?
Where is the milk?
What is on the conveyor belt?

22

latte

 chiavi

 yogurt

 scatola di cartone

 succo di frutta

 miele

 codice a barre

 commesso

 scontrino

 cartello

 cassiere

 verdura

 nastro trasportatore

Quanti orsi ci sono in fila?

Dov'è Teddy?

Dov'è il latte?

Cosa c'è sul nastro trasportatore?

La Scuola

 maestra
 portamatite
 carta
vasetto per l'acqua

righello

lavagna

cartina

pastelli

plastillina

gessetti

attaccapanni

What is the teacher holding?
What do you need for painting?
How many pupils can you see?
What color is the ruler?

24

 alunno

pennello

gomma
per cancellare

 ritratto

aquario

cavalletto

scatola dei colori

| a b c d e |
| f g h i j k |
| l m n o p |
| q r s t u v |
| w x y z |

alfabeto

a b c d e
f g h i j k
l m n o p
q r s t u v
w x y z

Che cosa ha in mano la maestra?
Cosa ti serve per dipingere?
Quanti scolari puoi vedere?
Di che colore è il righello?

 quaderno

 computer

 cartella

 puzzle

 forbici

Mezzi di Trasporto

elicottero

mongolfiera

razzo spaziale

paracadute

autobus

automobile

carro attrezzi

roulotte

camper

autocarro

auto d'epoca

tandem

spazzaneve

Can you see Teddy Bear?
What color is the refuse truck?
Which car is very old?
How many cars can you see?

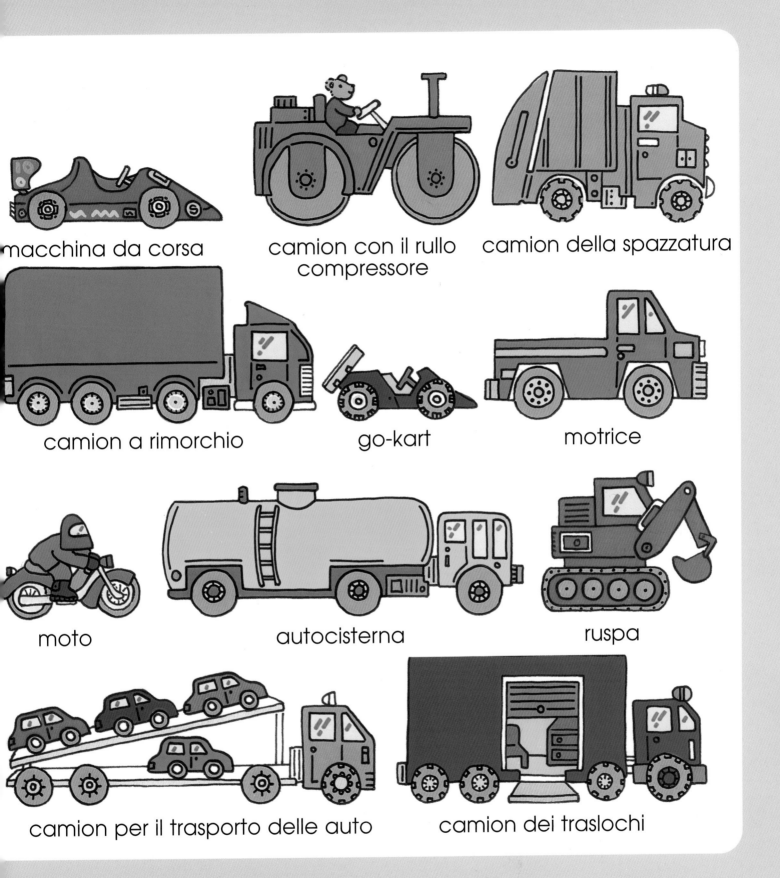

macchina da corsa

camion con il rullo compressore

camion della spazzatura

camion a rimorchio

go-kart

motrice

moto

autocisterna

ruspa

camion per il trasporto delle auto

camion dei traslochi

Dov'è Teddy?
Dov'è il camion dell'immondizia?
Quale macchina è molto vecchia?
Quante macchine vedi?

La Fattoria

pecora   agnello   maiale   maialino

pulcini

gallina

cane

cavallo

puledro

fattore

fattoria

Where is the duck?
What is the farmer holding?
How many chicks does he have?
Is the tractor yellow?

 anatra
 anatroccolo
 gatto
 topo
cancello
staccionata
 spaventa-passeri

 stagno

 gallo

 mucca

 vitello

 campo

 trattore

Dov'è l'anatra?
Che cosa ha in mano il contadino?
Quanti pulcini ha?
È giallo il trattore?

29

Il Parco

gelato

scivolo

altalena

corridore

recinto con
la sabbia

fontana

aiuola

 panchina ginocchiere uccello clacson

Is Teddy Bear on the swing?
What is in the hamper?
How many bears are wearing helmets?
How many wheels does a tricycle have?

30

 triciclo

 skateboard

 dondolo a due posti

 ruote

 cesto da picnic

hola-hoop

 palla

 picnic

 scoiattolo

 panini

 monopattino

 pattini a rotelle

radiolina

C'è Teddy sull'altalena?

Cosa c'è nel cesto?

Quanti orsetti hanno il casco?

Quante ruote ha il triciclo?

La Fiabe

bacchetta magica

pozzo dei desideri

fungo

folletto

fata

lancia

scudo

corona

spada

drago

armatura

cavaliere

principessa

Who can do magic?
What color is the dragon?
Where does a king live?
Who wears armor?

stendardo

cappello

paggio   zucca

mago

principe   regina   re   gigante   castello

mantello

Chi può fare le magie?
Che colore è il drago?
Dove vive il re?
Chi indossa l'armatura?

La Campagna

tenda
da campeggio

albero

cammi-
natore

ponte

bosco

montagna

prato

fiume

lago

ramo

fuoco
da campo

How many carriages does the engine have?
Who is sitting on a log?
Is the sleeping bag in the tent?
Is the rowing boat on the river?

tronco
 locomotiva
 carrozza del treno
 cespuglio
 binocolo
 cascata
 tronco

 villaggio

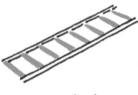 rotaia

 barca

 collina

 sacco a pelo

 roccia

Quanti vagoni ha il treno?
Chi c'è seduto sul tronco?
Il sacco a pelo è nella tenda?
La barca a remi è sul fiume?

35

Il Porto

pesci

pagaia

corda

boa

oblò

sottomarino

nave

pescatore

gru

peschereccio

barca
a motore

What can go under the water?
What are round windows on a boat called?
How many fish can you see?
What is on the jetty?

giubbotto
di salvataggio

gancio

ancora aragosta

albero

canoa

sciatore
d'acqua

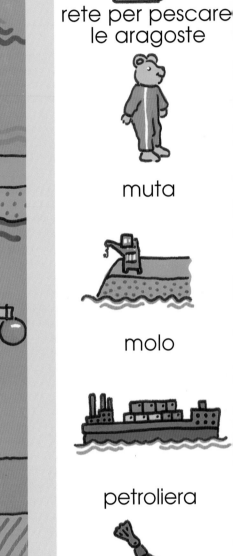

rete per pescare
le aragoste

muta

molo

petroliera

sub

salvagente

Che cosa va sotto acqua?

Come si chiamano le finestre rotonde di una barca?

Quanti pesci vedi?

Cosa c'è sul molo?

L'Aeroporto

bastone

frullato

carrello

tabellone
degli arrivi

navetta

aereo

torre di
controllo

bagno

aviorimessa

etichetta

blocco pe
gli appunti

How many suitcases can you see?
Who is carrying a mop?
Can you see our Teddy Bear?
Have you ever flown in an airplane?

valigia

 cioccolata

 pista d'atterraggio

 spazzolone

addetto alle pulizie

biglietto aereo

 macchina fotografica

bandierina

 pilota

 controllo d'imbarco

assistente di volo

 zaino

 telefono

Quante valige vedi?

Chi ha in mano uno scopettone?

Dov'è Teddy?

Hai mai viaggiato in aereo?

L'Ospedale

 vassoio   infermiera   acqua   benda

 lenzuolo

 dottore

 camicia da notte

 medicina

 visitatore

 girello

 cotone

What is the nurse holding?
Who is in the elevator?
Is the doctor's coat red?
Have you ever been in hospital?

40

 ascensore

 portantino

 orologio

 benda

cerotto

siringa

coperta

cartolina
di auguri

gesso

cartella
clinica

stetoscopio

termometro

sedia a
rotelle

Che cosa ha in mano l'infermiera?
Chi c'è nell'ascensore?
È rosso il camice del dottore?
Sei mai stato in ospedale?

Il Mare

balena

galeone

bottiglia con
un messaggio

squalo

nuotatore

cesto del
tesoro

medusa

bandiera
dei pirati

cavalluccio
marino

catena

perla

What is on the island?

What is in the sea?

What goes in a keyhole?

Which is the biggest animal in the sea?

corallo

 polpo

pirata

 delfino

 pistola

benda per l'occhio

 ostrica

 mappa del tesoro

 serratura

 isola

 alga

 sirena

 palma

Cosa c'è sull'isola?
Cose c'è nel mare?
Cosa metti nel buco della serratura?
Qual'è il più grande animale del mare?

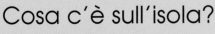

I Giochi

servizio da tè

scatola a
sorpresa

matite
colorate

trottola

casetta

gioco
in scatola

marionetta

pallottoliere

birilli

fortino

bambola

How many building bricks can you see?
Who is holding a glove puppet?
Which toys are for babies?
Which is your favorite toy?

collana

carrello

yo-yo

dadi

biglie

robot

scatole da impilare

costruzioni

gioco da tirare

soldatini

album da colorare

automobilina

maschera

Quanti cubi vedi?
Chi ha una marionetta?
Quali giocattoli sono per i bambini piccoli?
Qual'è il tuo giocattolo preferito?

Il Laboratorio

 chiave inglese

torcia

tazza

 trapano

 tasca

 calendario

mensola

maniglia

metro

 biscotti

 arca di Noè

How many animals can you see?
What is on the workbench?
What is on the shelf?
What color is the door?

 sega cacciavite viti chiodi  martello occhiali da saldatore taglierino

carta vetrata

martello di legno

asse

animali

pinza

tavolo da lavoro

Quanti animali vedi?
Cosa c'è sul tavolo da lavoro?
Che cosa c'è sul ripiano?
Di che colore è la porta?

La Spiaggia

 bandiera

 sabbia

 conchiglia

mare

castello
di sabbia

stella
marina

costume

ombrellone

ciottoli

retino da
pesca

occhiali
da sole

How many legs does a starfish have?
How many sea shells can you see?
What is very cold?
What color is the flag?

 granchio

pinne

 barca

braccioli

 sole

onda

 crema solare

 faro

 salvagente

 pallone
da spiaggia

 costume
da bagno

 gabbiano

 ghiacciolo

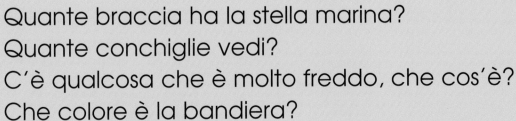

Quante braccia ha la stella marina?
Quante conchiglie vedi?
C'è qualcosa che è molto freddo, che cos'è?
Che colore è la bandiera?

La Festa

regalo

pagliaccio

candelina

bottone

cannuccia

cappellino di carta

fetta di torta

bibita gassata

bicchiere

tovaglia

torta

How old is the birthday bear?
How old are you?
How many balloons can you see?
Who is under the table?

gilet

nastro

palloncino

cravattino

maschera

fiocco

benda

carta
da regalo

festoni

sacchettino
con i premi

busta

biglietto
di auguri

vestito

Quanti anni ha Teddy?
Quanti anni hai tu?
Quanti palloncini vedi?
Chi c'è sotto il tavolo?

Il Corpo

sopracciglia

capelli

pollice

mano

palmo

labbra

guancia

gomito

ginocchio

polso

dita

caviglia

dita

How many toes does Dolly have?
What color is her hair?
Do you have paws?
Are your eyes blue like Teddy's?

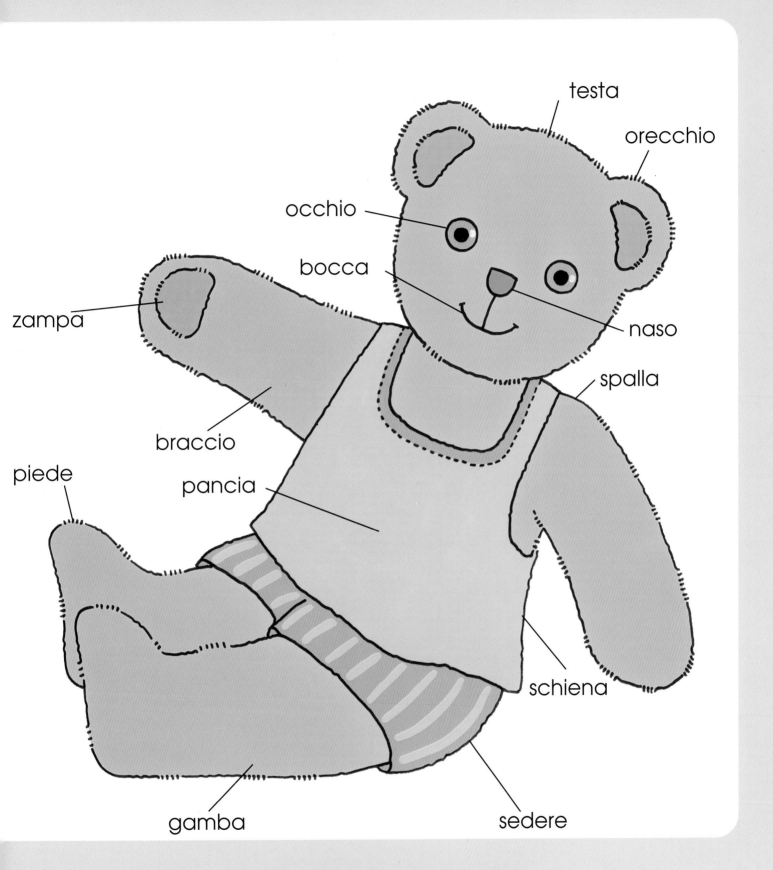

testa
orecchio
occhio
bocca
zampa
naso
spalla
braccio
piede
pancia
schiena
gamba
sedere

Quante dita dei piedi ha Dolly?
Che colore sono i suoi capelli?
Tu hai le zampe?
Hai gli occhi blu come Teddy?

Le Azioni

gattonare

sedersi

leggere

cullare

cantare

bere

mangiare

scrivere

salutare

lavarsi

asciugarsi

dormire

What do you like to do?
What is Teddy Bear doing?
What do babies like doing?
Are you sitting or standing?

calciare

saltare

pedalare

ballare

camminare

vestirsi

correre

saltare la corda

spingere

tirare

danzare

stare in piedi

Che cosa ti piace fare?
Che cosa sta facendo Teddy?
Che cosa stanno facendo gli orsetti piccoli?
Tu sei in piedi o seduto?

Le Stagioni

primavera

estate

autunno

inverno

Which season is it now?
Is there snow in the summer?
When does Teddy Bear fly his kite?
What comes from clouds?

Il Tempo

sole

neve

arcobaleno

ghiaccio

bufera

ghiaccioli

vento

fiocco di neve

nuvola

tornado

pupazzo
di neve

pioggia

rugiada

temporale

caldo

alluvione

brina

nebbia

freddo

pozzanghere

In che stagione dell'anno siamo adesso?
C'è la neve d'Estate?
Quando Teddy gioca con il suo aquilone?
Che cosa cade dalle nuvole?

57

Il Cibo

burro

biscotto

cereali

zucchero

minestra

hotdog

patatine

salse

cioccolato

riso

ciambelle

pasta

What is your favorite food?
Do you like cheese?
How many spoons can you see?
What is on Teddy Bear's ears?

insalata

hamburger

pizza

fagioli

pasticcino

formaggio

pane

salame

noci

farina

frittata

torta

Qual'è il tuo cibo preferito?
Ti piace il formaggio?
Quanti cucchiai ci sono?
Cosa c'è sulle orecchie di Teddy?

Sport e Giochi

cricket

baseball

football

tennis

salto in alto

tiro
con l'arco

corsa a tre gambe

alpinismo

tuffi

salto con l'asta

squadra

ginnastica
artistica

Can you see Teddy Bear?
Which sports need a ball?
Which is your favorite sport?
How many bears are waving?

ginnastica al trampolino

ciclismo

sollevamento pesi

canottaggio

pattinaggio a rotelle

golf

calcio

corsa nei sacchi

pattinaggio su ghiaccio

pallacanestro

karate

trofeo

Dov'è Teddy?

Che sport hanno bisogno della palla?

Qual'è il tuo sport preferito?

Quanti orsetti stanno agitando le braccia?

La Musica

tamburello

triangolo

piatti

maracas

violino

pianola

trombone

flauto

leggio

note

direttore d'orchestra

violoncello

Can you play these instruments?
Which instruments do you blow?
Which instruments have strings?
Which instruments do you hit?

clarinetto spartito oboe tromba

saxofono banjo xilofono chitarra

arpa pianoforte tamburi

Sai suonare questi strumenti?
In quali strumenti bisogna soffiare?
Quali strumenti hanno le corde?
Su quali strumenti devi battere?

63

I Bebè

 sonaglio

 bavagliolo

 biberon

 ciuccio

 calze

 radio per sentire il bambino

 fasciatoio

 il primo libro dei ricordi

 salvadanaio

 pigiama

 lettino

Do baby bears sleep in a big bed?
What color is the trainer cup?
What are the baby bears wearing?
Do you have a piggy bank?

arrozzina coperta pannolino fazzolettini anello per vasino seggiolone
i dentini

bicchierino

libro di stoffa

libro imbottito

pupazzo

materasso

borsa per il
cambio

L'orsetto piccolo dorme in un letto grande?
Di che colore è il bicchierino?
Come sono vestiti gli orsetti?
Tu hai un salvadanaio?

I Numeri

1 una casa

2 due automobili

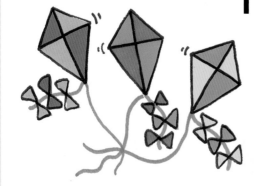

3 tre aquiloni

4 quattro conigli

5 cinque palloncini

6 sei paperette

7 sette fragole

8 otto pastelli

9 nove fiori

10 dieci cuori

What color are the rabbits?
How many bears can you see?
How many flowers can you count?
What is five plus seven?

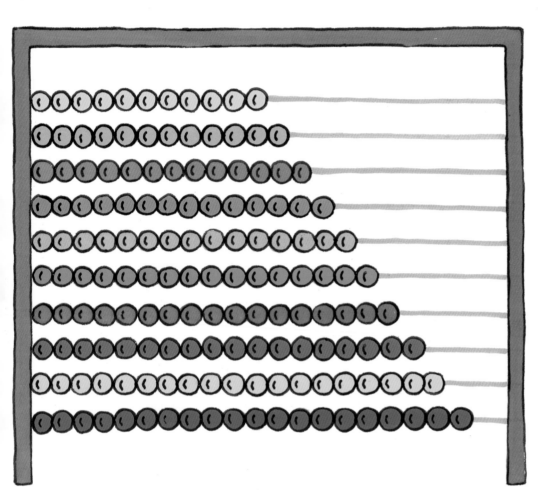

11 undici
12 dodici
13 tredici
14 quattordici
15 quindici
16 sedici
17 diciassette
18 diciotto
19 diciannove
20 venti

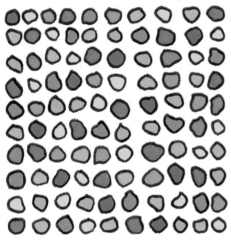

100 cento

terzo   secondo   primo

Che colore sono i conigli?
Quanti orsetti ci sono?
Quanti fiori ci sono?
Quanto fa cinque più sette?

I Colori

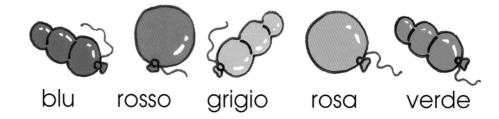

blu   rosso   grigio   rosa   verde

bianco

nero

giallo

marrone

viola

arancio

blu scuro

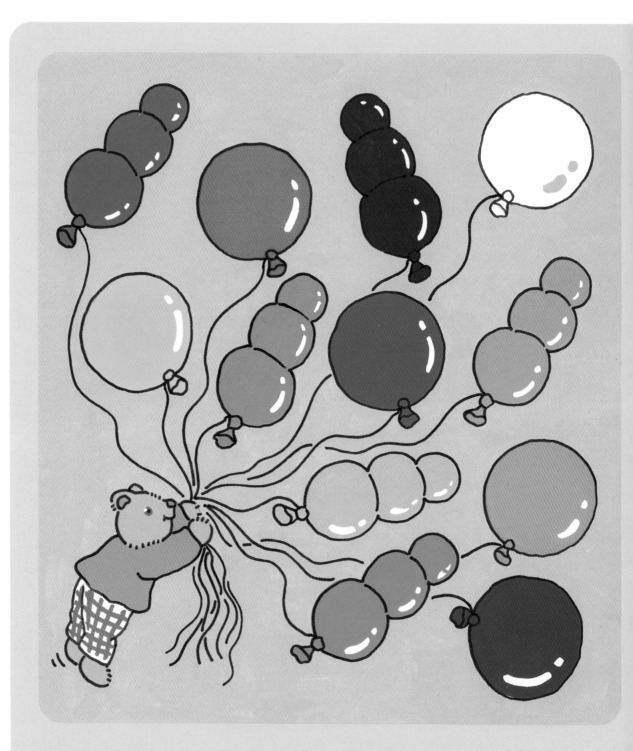

What is your favorite color?
What color is Teddy Bear's top?
Are there zigzags on Teddy Bear's pants?
Which shape is pink?

Le Forme

 cuore righe cerchio quadrato stella rombo

rettangolo

zigzag

pallini

ovale

triangolo

scacchi

Qual'è il tuo colore preferito?
Che colore è la maglietta di Teddy?
Ci sono i quadri sui pantaloni di Teddy?
Quale forma è rosa?

I Vestiti

berretto   fazzoletto   guanti   scarpe da ginnastica

sciarpa

jeans

giacca

camicetta

canottiera

pantaloni

maglione

What do you wear on a hot day?
What do you wear on a cold day?
What color are the mittens?
What are you wearing now?

 giacca a vento

stivali

 pantaloni

 gonna

mutande

 maglietta

molletta

 scarpe

salopette

 camicia

cappotto

cravatta

 calze

Come ti vesti in una giornata calda?
Come ti vesti in una giornata fredda?
Che colore sono i guanti?
Come sei vestito adesso?

71

La Familglia

bisnonna — bisnonno

nonna — nonno — prozia — prozio

papà — mamma — zia — zio

sorella — Teddy — fratello — cugina — gemelli

Do you have any brothers or sisters?
How many brothers does Teddy Bear have?
How are you feeling now?
Are you frightened of spiders?

Le Emozioni

spaventata

contento

timida

imbarazzata

annoiato

arrabbiato

pensieroso

triste

orgoglioso

preoccupato

Hai dei fratelli o delle sorelle?
Quanti fratelli ha Teddy?
Come ti senti ora?
Hai paura dei ragni?

La Frutta

 pera    banana   anguria   cedro

 lampone

uva

 mirtilli

 fico

 mango

 rabarbaro

 uva spina

Which is your favorite fruit?
How many bananas can you see?
What is Teddy Bear holding?
Which fruits are red?

arancia

pesca

limone

prugna

albicocca

ciliegia

mela

kiwi

pompelmo

fragola

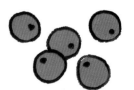
ribes

mandarino

ananas

Qual'è il tuo frutto preferito?
Quante banane ci sono?
Che cosa ha in mano l'orsetto?
Quali frutti sono rossi?

75

La Verdura

funghi

carota

broccoli

peperone

piselli

porro

mais

cipolla

patata

cavolfiore

pomodori

sedano

Do you like carrots?
What is Teddy Bear eating?
Which vegetables are green?
What is your favorite vegetable?

lattuga

barbabietola

fagioli

rapa bianca

cetriolo

ravanelli

patata dolce

fagiolini

rapa

erbe

cavolo

zucchina

Ti piacciono le carote?
Cosa sta mangiando l'orsetto?
Quali verdure sono verdi?
Quali sono le tue verdure preferite?

I Fiori

viola

narciso

dalia

girasole

garofano

giglio

rosa

papavero

iris

margherita

campanule

Which flowers are yellow?
Which flower grows very tall?
What is under the cup?
What is Teddy Bear holding?

78

Si Mangia!

cucchiaino

pepe

sale

piattino

tazza

piatto

coltello

forchetta

cucchiaio

tovaglietta

bicchiere

brocca
dell'acqua

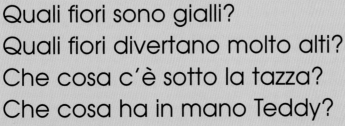

Quali fiori sono gialli?
Quali fiori divertano molto alti?
Che cosa c'è sotto la tazza?
Che cosa ha in mano Teddy?

Gli Opposti

lento

veloce

grande

piccolo

alto

basso

aperto

chiuso

acceso

spento

sotto

sopra

Is an elephant small?
Is this book open or shut?
Are you inside or outside?
Are balloons heavy?

su   giù   vecchio   nuovo

pieno   vuoto   leggero   pesante

dentro   fuori   sottile   grasso

È piccolo l'elefante?

Questo libro è aperto o chiuso?

Tu sei dentro o fuori?

Sono pesanti i palloncini?

Gli Uccelli

uova

becco

ala

piuma

nido

gufo

pulcinella
di mare

tucano

pinguino

pavone

struzzo

emù

What is in the nest?
How many beaks can you see?
Which birds are black and white?
Which birds are eating fishes?

martin pescatore

rondine

kiwi

colibrì

gabbiano

avvoltoio

oca

tacchino

fenicottero

pellicano

cicogna

cigno

Cosa c'è nel nido?

Quanti becchi ci sono?

Quali uccelli sono bianchi e neri?

Quali uccelli stanno mangiando il pesce?

I Piccoli Animale

 ape

 lumaca

coccinella

 lucertola

 verme

 farfalla

 vespa

bruco

scarafaggio

 millepiedi

 camaleonte

Which minibeasts have wings?
Which minibeast has six black spots?
Which minibeast carries its own house?
Which minibeasts do not have legs?

falena

formica

grillo

lumaca

mosca

pulce

crisalide

insetto
stecchino

tarantola

rana

centopiedi

libellula

ragno

Quali insetti hanno le ali?

Quale insetto ha sei punti neri?

Quale insetto porta in giro la sua casa?

Quali insetti non hanno le zampe?

Gli Animali Selvaggi

koala

rinoceronte

armadillo

canguro

orso polare

orango

giraffa

scimmia

tigre

elefante

serpente

panda

Which animal is very tall?
Which animal is very big?
Which animal is Teddy Bear feeding?
Which is your favorite animal?

procione   bisonte   porcospino   zebra

orso   coccodrillo   cammello   leone

lupo   leopardo   castoro   ippopotamo

Quale animale è molto alto?
Quale animale è molto grande?
Teddy da mangiare ad un animale, quale?
Qual'è il tuo animale preferito?

Gli Animali Domestici

cuccia   gattino   criceto   gabbietta

canarino

coniglio

pappagallo

cocorita

porcellino
d'India

cibo per
animali

pesce rosso

Do you have a pet?
Who lives in a kennel?
Where is the rabbit?
What is in the fish tank?

 cagnolino
 bolle
 spazzola
 tartaruga
 osso
guinzaglio
collare

ciotola

cesta

acquario

porta per il
gatto

tartaruga
d'acqua

ciotola
dell'acqua

Hai un animale in casa?
Chi vive nella cuccia?
Dov'è il coniglio?
Dov'è l'acquario?

Indice Analitico

chameleon **camaleonte**

changing bag **borsa per il cambio**

changing mat **fasciatoio**

check-in **controllo d'imbarco**

checks **scacchi**

cheek **guancia**

cheese **formaggio**

cherry **ciliegia**

chicks **pulcini**

chimney **camino**

chocolate **cioccolato**

chrysalis **crisalide**

circle **cerchio**

cleaner **addetto alle pulizie**

climbing **alpinismo**

clipboard **blocco per gli appunti**

cloak **mantello**

clock **orologio**

closet **armadio**

cloth book **libro di stoffa**

clothes pin **molletta**

cloud **nuvola**

clown **pagliaccio**

coat **cappotto**

coat hooks **attacca-panni**

coathanger **attacca-panni**

cockerel **gallo**

cold **freddo**

collar **collare**

colored pencils **matite colorate**

coloring book **album da colorare**

comb **pettine**

comic **fumetto**

computer **computer**

conductor **direttore d'orchestra**

container ship **petroliera**

control tower **torre di controllo**

conveyor belt **nastro trasportatore**

cookbook **ricettario**

cookies **biscotti**

coral **corallo**

cot **lettino**

cotton wool **cotone**

cousin **cugina**

cow **mucca**

crab **granchio**

cradle **culla**

crane **gru**

crawling **gattonare**

crayons **pastelli**

cricket **cricket**

crocodile **coccodrillo**

crown **corona**

cucumber **cetriolo**

cuddling **cullare**

cuddly toy **pupazzo**

cup **tazza**

cycling **ciclismo**

cymbals **piatti**

d

daffodil **narciso**

dahlia **dalia**

daisy **margherita**

dancing **danzare**

deck chair **sedia a sdraio**

decorations **addobbi**

delivery van **camion per le consegne**

dew **rugiada**

diamond **rombo**

diaper **pannolino**

dice **dadi**

digger **ruspa**

dish towel **strofinaccio**

dishwasher **lavastoviglie**

dishwashing liquid **detersivo**

diver **sub**

diving **tuffi**

doctor **dottore**

dog **cane**

dog bowl **ciotola**

doll **bambola**

doll's house **casa delle bambole**

dolphin **delfino**

door **porta**

doorbell **campanello**

doorknob **maniglia**

doorstep **gradino**

doughnuts **ciambelle**

down **giù**

dragon **drago**

dragonfly **libellula**

drain **tombino**

draining board **ripiano per scolare**

drape **tenda**

drawer **cassetto**

dressing **vestirsi**

dressing-up outfit **maschera**

dressmaker's dummy **manichino da sarto**

drill **trapano**

drinking straw **cannuccia**

drinking **bere**

driver **autista**

driveway **vialetto**

drying **asciugarsi**

duck **anatra**

duckling **anatroccolo**

dumper truck **autocarro**

dungarees **salopette**

duster **strofinaccio**

e

ear **orecchio**

easel **cavalletto**

eating **mangiare**

egg **uova**

eight **otto**

eighteen **diciotto**

elbow **gomito**

elephant **elefante**

elevator **ascensore**

eleven **undici**

elf **folletto**

embarrassed **imbarazzata**

empty **vuoto**

emu **emù**

engine **locomotiva**

envelope **busta**

eraser **gomma per cancellare**

exercise book **quaderno**

eye **occhio**

eye patch **benda per l'occhio**

eyebrow **sopracciglia**

f

fairy **fata**

fall **autunno**

farmer **fattore**

farmhouse **fattoria**

fast **veloce**

fat **grasso**

father **papà**

faucet **rubinetto**

feather **piuma**

feeding bottle **biberon**

felt pens **portamatite**

fence **staccionata**

field **campo**

fifteen **quindici**

fig **fico**

fingers **dita**

fireplace **caminetto**

first **primo**
fish **pesci**
fish tank **acquario**
fisherman **pescatore**
fishing boat **peschereccio**
fishing net **retino da pesca**
fishing rod **canna da pesca**
five **cinque**
flag **bandiera**
flamingo **fenicottero**
flashlight **torcia**
flask **thermos**
flea **pulce**
flippers **pinne**
flood **alluvione**
flour **farina**
flower bed **aiuola**
flowerpot **vaso**
flowers **fiori**
flute **clarinetto**
fly **mosca**
foal **puledro**
fog **nebbia**
food mixer **frullino elettrico**
foot **piede**
forest **bosco**
fork (garden) **forcone**
fork (table) **forchetta**
fort **fortino**
fountain **fontana**
four **quattro**
fourteen **quattordici**
fries **patatine**
frightened **spaventata**
frog **rana**
frost **brina**
fruit **frutta**
frying pan **padella**
full **pieno**

g

gale **bufera**
galleon **galeone**
gate **cancello**
get-well card **biglietto di auguri**
giant **gigante**
giraffe **giraffa**
glass **bicchiere**
glove **guanto**
glove puppet **marionetta**
goggles **occhiali da saldatore**
go-kart **go-kart**
goldfish **pesce rosso**
golf **golf**
goose **oca**
gooseberry **uva spina**
gorilla **orango**
grandfather **nonno**
grandmother **nonna**
grapefruit **pompelmo**
grapes **uva**
grass **erba**
grasshopper **grillo**
gray **grigio**
great aunt **prozia**
great grandfather **bisnonno**
great grandmother **bisnonna**
great uncle **prozio**
green **verde**
green beans **fagiolini**
guinea pig **porcellino d'India**
guitar **chitarra**
gull **gabbiano**
gymnastics **ginnastica artistica**

h

hair **capelli**

hairbrush **spazzola**
hamburger **hamburger**
hammer **martello**
hamper **cesto da picnic**
hamster **criceto**
hand **mano**
hand fork **forchetta da giardinaggio**
handbag **borsa**
handkerchief **fazzoletto**
hangar **aviorimessa**
hanging basket **cestino per i fiori**
happy **contento**
harp **arpa**
hat **berretto**
head **testa**
heart **cuore**
heavy **pesante**
hedge **cespuglio**
height chart **metro misura bambino**
helicopter **elicottero**
hen **gallina**
herbs **erbe**
hi-fi **stereo**
high chair **seggiolone**
high jump **salto in alto**
hill **collina**
hippopotamus **ippopotamo**
hoe **pala**
honey **miele**
hook **gancio**
hoop **hola hoop**
hooter **clacson**
hopping **ballare**
horse **cavallo**
hose **canna dell'acqua**
hot **caldo**
hotdog **hotdog**
hummingbird **colibrì**
hundred **cento**
hutch **gabbietta**

i

ice **ghiaccio**
ice cream **gelato**
ice skates **pattini da ghiaccio**
ice skating **pattinaggio su ghiaccio**
iced lolly **ghiacciolo**
icicles **ghiaccioli**
inside **dentro**
iris **iris**
iron **ferro da stiro**
island **isola**

j

jacket **giacca**
Jack-in-the-box **scatola a sorpresa**
jars **vasi per la marmellata**
jeans **jeans**
jellyfish **medusa**
jetty **molo**
jogger **corridore**
juggernaut **camion a rimorchio**
juice **succo di frutta**
jumping **saltare**

k

kangaroo **canguro**
kennel **cuccia**
kettle **bollitore**
keyboard **pianola**
keyhole **serratura**
keys **chiavi**
kicking (a football) **calciare**
king **re**
kingfisher **martin pescatore**
kite **aquilone**

kitten **gattino**
kiwi **kiwi**
knee **ginocchio**
knee pads **ginocchiere**
knife **coltello**
knight **cavaliere**
koala **koala**

l

label **etichetta**
ladder **scala**
ladybird **coccinella**
lake **lago**
lamb **agnello**
lamp **lampada**
lance **lancia**
lawnmower **tagliaerba**
lead (dog's) **guinzaglio**
leaves **foglie**
leek **porro**
leg **gamba**
lemon **limone**
leopard **leopardo**
lettuce **lattuga**
life buoy **salvagente**
life vest **giubbotto di salvataggio**
light **lampadario**
light **leggero**
light bulb **lampadina**
lighthouse **faro**
lightning **temporale**
lily **giglio**
lime **cedro**
liner **nave**
lion **leone**
lip **labbra**
lizard **lucertola**
lobster pot **rete per pescare le aragoste**
lobster **aragosta**
log **tronco**
lollipop **lecca-lecca**

lunch box **cestino per il pranzo**

m

magazine **rivista**
magician **mago**
mallet **martello di legno**
mango **mango**
map **cartina**
maracas **maracas**
marbles **biglie**
martial arts **karate**
mask **maschera**
mast **albero**
mattress **materasso**
meadow **prato**
measuring tape **metro**
medicine **medicina**
melon **anguria**
mermaid **sirena**
message in a bottle **bottiglia con un messaggio**
microwave **forno a microonde**
milk **latte**
milkshake **frullato**
millipede **millepiedi**
mirror **specchio**
mittens **guanti**
mixing bowl **scodella**
mobile **carillon per la culla**
modeling clay **plastillina**
money **denaro**
monkey **scimmia**
mop **spazzolone**
moth **falena**
mother **mamma**
motor boat **barca a motore**
motorbike **moto**
mountain **montagna**
mouse **topo**

mouth **bocca**
muffin **pasticcino**
mug **tazza**
mushrooms **funghi**
music stand **leggio**
music **spartito**

n

nail brush **spazzolino per le unghie**
nails **chiodi**
navy **blu scuro**
nest **nido**
nesting box **casetta degli uccelli**
new **nuovo**
newspaper **giornale**
nightie **camicia da notte**
nine **nove**
nineteen **diciannove**
Noah's ark **arca di Noè**
nose **naso**
notes **note**
nurse **infermiera**
nuts **noci**

o

oboe **oboe**
octopus **polpo**
off **spento**
old **vecchio**
omelette **frittata**
on **acceso**
one **uno**
onion **cipolla**
open **aperto**
orange **arancio**
orange **arancia**
ostrich **struzzo**
outside **fuori**
oval **ovale**
oven **forno**

owl **gufo**
oyster **ostrica**

p

paddles **pagaia**
page **paggio**
paint **vernice**
paintbox **scatola dei colori**
paintbrush **pennello**
painting **disegno**
pajamas **pigiama**
palm **palmo**
palm tree **palma**
panda **panda**
pansy **viola**
pantihose **calze**
pants **pantaloni**
paper **carta**
paper cup **bicchiere**
parachute **paracadute**
parcel **pacco**
parrot **pappagallo**
parsnip **rapa bianca**
party bag **sacchettino con i premi**
party dress **vestito**
party hat **cappellino di carta**
path **vialetto**
paw **zampa**
peach **pesca**
peacock **pavone**
pear **pera**
pearl **perla**
peas **piselli**
pebbles **ciottoli**
pedal car **automobilina**
pelican **pellicano**
penguin **pinguino**
penknife **taglierino**
pepper **pepe**
personal stereo **radiolina**

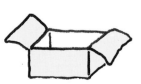

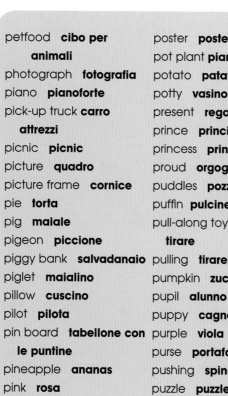

petfood **cibo per animali**

photograph **fotografia**

piano **pianoforte**

pick-up truck **carro attrezzi**

picnic **picnic**

picture **quadro**

picture frame **cornice**

pie **torta**

pig **maiale**

pigeon **piccione**

piggy bank **salvadanaio**

piglet **maialino**

pillow **cuscino**

pilot **pilota**

pin board **tabellone con le puntine**

pineapple **ananas**

pink **rosa**

pipe **tubo**

pirate **pirata**

pirate flag **bandiera dei pirati**

pistol **pistola**

pitcher **caraffa**

pizza **pizza**

plank **asse**

plaster **cerotto**

plaster cast **gesso**

plate **piatto**

play house **casetta**

pliers **pinza**

plum **prugna**

pocket **tasca**

polar bear **orso polare**

pole vaulting **salto con l'asta**

pond **stagno**

poppy **papavero**

porcupine **porcospino**

porter **portantino**

portholes **oblò**

portrait **ritratto**

poster **poster**

pot plant **pianta nel vaso**

potato **patata**

potty **vasino**

present **regalo**

prince **principe**

princess **principessa**

proud **orgoglioso**

puddles **pozzanghere**

puffin **pulcinella di mare**

pull-along toy **gioco da tirare**

pulling **tirare**

pumpkin **zucca**

pupil **alunno**

puppy **cagnolino**

purple **viola**

purse **portafoglio**

pushing **spingere**

puzzle **puzzle**

q

queen **regina**

queue **fila**

r

rabbit **coniglio**

raccoon **procione**

racing car **macchina da corsa**

radio **radio**

radishes **ravanelli**

railings **ringhiera**

railway track **rotaia**

rain **pioggia**

rainbow **arcobaleno**

rake **rastrello**

raspberry **lampone**

rattle **sonaglio**

reading **leggere**

recorder **flauto**

rectangle **rettangolo**

red **rosso**

red pepper **peperone**

redcurrants **ribes**

refrigerator **frigorifero**

refuse truck **camion della spazzatura**

remote control **telecomando**

removal van **camion dei traslochi**

rhinoceros **rinoceronte**

rhubarb **rabarbaro**

ribbon **nastro**

rice **riso**

riding **pedalare**

river **fiume**

road **strada**

robot **robot**

rocket **razzo spaziale**

rocking chair **sedia a dondolo**

rocking horse **cavallo a dondolo**

rocks **roccia**

roller skating **pattinaggio a rotelle**

rollerskates **pattini a rotelle**

rolling pin **mattarello**

roof **tetto**

roof tile **tegola**

rope **corda**

rose **rosa**

rowing **canottaggio**

rowing boat **barca**

rubber duck **paperetta**

rubber ring **salvagente**

rucksack **zaino**

rug **tappeto**

ruler **righello**

running **correre**

runway **pista d'atterraggio**

s

sack race **corsa nei sacchi**

sad **triste**

safety helmet **casco**

salad **insalata**

salt **sale**

sand **sabbia**

sandcastle **castello di sabbia**

sandpaper **carta vetrata**

sandpit **recinto con la sabbia**

sandwiches **panini**

saucepan **pentola**

saucer **piattino**

sauces **salse**

sausages **salame**

saw **sega**

saxophone **saxofono**

scales **bilancia**

scarecrow **spaventapasseri**

scarf **sciarpa**

school **scuola**

schoolbag **cartella**

scissors **forbici**

scooter **monopattino**

screwdriver **cacciavite**

screws **viti**

sea shell **conchiglia**

sea **mare**

seahorse **cavalluccio marino**

seaweed **alga**

second **secondo**

security light **luce di sicurezza**

seeds **semi**

seesaw **dondolo a due posti**

serviette **tovagliolo**

seven **sette**

seventeen **diciassette**

sewing machine
    macchina da cucire

shampoo **shampoo**

shark **squalo**

shawl **coperta**

shears **cesoie**

shed **capanno degli attrezzi**

sheep **pecora**

sheet **lenzuolo**

shelf **mensola**

shield **scudo**

shirt **camicia**

shoe store **negozio di scarpe**

shoes **scarpe**

shopper **cliente**

shopping bag **busta della spesa**

shopping cart **carrello**

short **basso**

shorts **pantaloni corti**

shoulder **spalla**

shower **doccia**

shower drape **tenda per la doccia**

shut **chiuso**

shy **timida**

sidewalk **marciapiede**

sign **cartello**

singing **cantare**

sink **lavandino**

sister **sorella**

sitting **sedersi**

six **sei**

sixteen **sedici**

skateboard **skateboard**

skipping **saltare la corda**

skipping rope **corda per saltare**

skirt **gonna**

skis **sci**

skittles **birilli**

skylight **lucernario**

sledge **slitta**

sleeping **dormire**

sleeping bag **sacco a pelo**

sleepsuit **pigiama**

slice of cake **fetta di torta**

slide **scivolo**

sling **benda**

slippers **pantofole**

slow **lento**

slug **lumaca**

small **piccolo**

snail **lumaca**

snake **serpente**

sneakers **scarpe da ginnastica**

snow **neve**

snowflake **fiocco di neve**

snowman **pupazzo di neve**

soap **sapone**

soccer **calcio**

socks **calze**

soda **bibita gassata**

sofa **divano**

soil **terra**

soldiers **soldatini**

soother **ciuccio**

sorry **preoccupato**

soup **minestra**

spade **vanga**

spaghetti **pasta**

spanner **chiave inglese**

spider **ragno**

spider's web **ragnatela**

sponge **spugna**

spoon **cucchiaio**

spots **pallini**

spring **primavera**

square **quadrato**

squirrel **scoiattolo**

stacking cups **scatole da**

impilare

standing **stare in piedi**

star **stella**

starfish **stella marina**

steamroller **camion con il rullo compressore**

stethoscope **stetoscopio**

stewardess **assistente di volo**

stick insect **insetto stecchino**

stool **sgabello**

storage jar **barattolo**

store assistant **commesso**

stork **cicogna**

strawberry **fragola**

streamers **festoni**

street light **lampione**

street sign **cartello stradale**

stripes **righe**

submarine **sottomarino**

sugar **zucchero**

suitcase **baule**

summer **estate**

sun **sole**

sun hat **cappello parasole**

sun screen **crema solare**

sunflower **girasole**

sunglasses **occhiali da sole**

sunshade **ombrellone**

sunshine **sole**

swallow **rondine**

swan **cigno**

sweater **maglione**

sweet potato **patata dolce**

sweetcorn **mais**

swimmer **nuotatore**

swimming trunks **costume da bagno**

swimsuit **costume**

swing **altalena**

sword **spada**

syringe **siringa**

†

table **tavolo**

tablecloth **tovaglia**

tablemat **tovaglietta**

tall **alto**

tambourine **tamburello**

tandem **tandem**

tangerine **mandarino**

tanker **autocisterna**

tarantula **tarantola**

tea set **servizio da tè**

teacher **maestra**

team **squadra**

teaspoon **cucchiaino**

teething ring **anello per i dentini**

television **televisore**

temperature chart **cartella clinica**

ten **dieci**

tennis **tennis**

tent **tenda da campeggio**

thermometer **termometro**

thin **sottile**

third **terzo**

thirteen **tredici**

thoughtful **pensieroso**

three **tre**

three-legged race **corsa a tre gambe**

thumb **pollice**

tickets **biglietti**

tie **cravatta**

tiger **tigre**

till **cassa**

till receipt **scontrino**

timpani **tamburi**

tissues **fazzolettini**

toadstool **fungo**

toaster **tostapane**

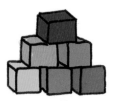

toe **dita**
toilet **gabinetto**
toilet tissue **carta igienica**
tomatoes **pomodori**
tool box **cassetta degli attrezzi**
toothbrush **spazzolino da denti**
toothpaste **dentifricio**
top (toy) **trottola**
top (position) **sopra**
top hat **cappello**
tornado **tornado**
tortoise **tartaruga**
toucan **tucano**
towel **asciugamano**
toy boat **barchetta**
toy box **scatola per i giochi**
tractor **trattore**
trailer **roulotte**
trainer cup **bicchierino**
trampolining **ginnastica al trampolino**
trapdoor **botola**
trashcan **bidone della spazzatura**
tray **vassoio**
treasure chest **cesto del tesoro**
treasure map **mappa del tesoro**
tree **albero**
trellis **graticcio**
triangle **triangolo**
tricycle **triciclo**
trolley **carrello**
trombone **trombone**
trophy **trofeo**
trowel **paletta**
truck **motrice**
trumpet **tromba**
trunk **tronco**

T-shirt **maglietta**
tummy **pancia**
turkey **tacchino**
turnip **rapa**
turtle **tartaruga d'acqua**
twelve **dodici**
twenty **venti**
twins **gemelli**
two **due**

u

uncle **zio**
underwear **mutande**
up **su**

v

vacuum cleaner **aspirapolvere**
vase **vaso**
vegetables **verdura**
vest **canottiera**
video **videoregistratore**
village **villaggio**
vintage car **auto d'epoca**
violin **violino**
visitor **visitatore**
vulture **avvoltoio**

w

waistcoat **gilet**
walker **camminatore**
walking **camminare**
walking frame **girello**
walking stick **bastone**
wall tiles **piastrelle**
wallpaper **carta da parati**
wand **bacchetta magica**
washbasin **lavabo**

washcloth **asciugamano**
washing **lavarsi**
wasp **vespa**
wastepaper basket **cestino**
watch **orologio**
water **acqua**
water bowl **ciotola dell'acqua**
water pitcher **brocca dell'acqua**
water pot **vasetto per l'acqua**
waterfall **cascata**
watering can **innaffiatoio**
water-skier **sciatore d'acqua**
waves **onda**
waving **salutare**
weightlifting **sollevamento pesi**
wetsuit **muta**
whale **balena**
wheelbarrow **carriola**
wheelchair **sedia a rotelle**
wheels **ruote**
white **bianco**
wind **vento**
window **finestra**
window box **vaso da fiori**
windsock **bandierina**
wing **ala**
winter **inverno**
wire basket **cestino**
wishing well **pozzo dei desideri**
wolf **lupo**
wooden bricks **costruzioni**
wooden spoon **cucchiaio di legno**
workbench **tavolo da lavoro**
worktop **piano da lavoro**
worm **verme**
wrapping paper **carta da regalo**
wrist **polso**
writing **scrivere**

x

xylophone **xilofono**

y

yacht **barca**
yellow **giallo**
yogurt **yogurt**
yo-yo **yo-yo**

z

zebra **zebra**
zigzags **zigzag**
zucchini **zucchina**